Pierre Franckh

# ERFOLGREICH WÜNSCHEN

*Anleitung zum erfolgreichen Wünschen*

*Inspirationen für jeden Tag*

*Erfolgreich wünschen*
ist der Titel des Buchbestsellers von Pierre Franckh,
erschienen im KOHA-Verlag, D-Burgrain,
ISBN 978-3-936862-66-9.
Weitere Buchtitel zum erfolgreichen Wünschen
finden Sie im Buchhandel und auf den websites
www.koha-verlag.de und www.pierre-franckh.de

*Erfolgreich wünschen*
ist auch der Titel des Kartenbestsellers von Pierre Franckh,
erschienen im Königsfurt-Urania Verlag,
ISBN 978-3-03819-023-3

© 2008 by Königsfurt-Urania Verlag GmbH
D-24796 Krummwisch bei Kiel
www.koenigsfurt-urania.com

Umschlaggestaltung: Hermann Betken
Umschlagkonzept: mit freundlicher Genehmigung des KOHA-Verlags
Umschlagfoto: www.fotolia.de/© Tanja Bagusat
Autorenfoto: Armin Brosch
Abbildungen im Textteil: zefa blueplanet images
Printed in EU
ISBN 978-3-86826-100-4

# Inhalt

Wie benutze ich die Karten
und die Affirmationen in diesem Buch ............................... 5

Liebe ............................................................................................ 8

Loslassen ................................................................................. 16

Erschaffen ............................................................................... 24

Gegenwart............................................................................... 32

Vertrauen ................................................................................ 40

Erfolgreich wünschen .......................................................... 48

Glück ........................................................................................ 56

7 Regeln, wie Träume wahr werden .................................. 64

# Alle Karten im Überblick

Alles ist Energie ............................. 25
Alles ist im Überfluss ..................... 28
Alles, was ich brauche .................... 42
Am besten ist immer ...................... 44
Bereit sein bedeutet, ...................... 46
Besitz soll mir dienen ..................... 27
Danken verlegt den Wunsch ......... 38
Das Leben spiegelt im Außen ....... 58
Das Suchen verhindert .................. 18
Der ständige Blick ......................... 26
Die Vergangenheit ist vorbei ........ 33
Die Wirklichkeit entsteht .............. 50
Energie folgt immer ....................... 55
Erwartungen werden oft ............... 57
Es gibt keine Grenzen .................... 31
Es ist immer nur ............................. 62
Glück ist eine Frage ....................... 63
Ich bin die schöpferische Kraft ... 15
Ich bin einzigartig und schön .... 12
Ich bin im Hier und Jetzt .............. 39
Ich bin offen für das Leben .......... 60
Ich bin offen und bereit, damit ... 10
Ich bin offen und bereit, die ........ 11
Ich erlaube der Liebe ..................... 13
Ich erschaffe jetzt .......................... 34

Ich kann jeden Tag ........................ 35
Ich kann mein Leben ..................... 59
Ich kann nur das erhalten ............ 47
Ich lasse alle meine alten ............. 21
Ich lasse es vollkommen offen .... 17
Ich sehe mit den Augen ................. 9
Ich vertraue dem Fluss .................. 41
Jeder Augenblick ........................... 36
Jeder Wunsch beinhaltet .............. 54
Meine Gedanken sind ................... 43
Mir selbst zu vertrauen ................. 37
Mit dem Universum ...................... 53
Ohne die innere Bereitschaft ...... 14
Rede mit niemanden ..................... 52
Wahres Glück entsteht .................. 61
Was ich glaube, verwirklicht ....... 49
Wenn gar nichts mehr geht ......... 22
Wer nicht an den Erfolg ............... 29
Wer nicht an sich arbeitet ............ 30
Will ich die äußern Umstände ... 19
Wohin wir auch gehen .................. 23
Wünsche gehen in Erfüllung ....... 45
Zweifel bedeuten ............................ 51
Zweifel rauben uns ........................ 20

# Wie benutze ich die Karten und die Affirmationen in diesem Buch

### Jeder Tag ist eine Möglichkeit, ein Neuanfang

Oft stellen wir uns die gleichen Fragen: *Wie schaffe ich es, meine Wünsche zu verwirklichen? Wie kann ich mein Leben so gestalten, dass es für mich wundervoll wird? Wie schaffe ich es, in meinem Leben glücklich zu sein? Wie bekomme ich den wundervollen Partner?*

Wenn wir einmal die Kraft des Wünschens und damit die Kraft gespürt haben, Dinge in unserem Leben zu verändern, gewinnen wir nicht nur ein neues Selbstwertgefühl, sondern auch das Gefühl, eine ausgeglichene runde Person zu sein. Wir fühlen uns als Teil der Welt, die wir nach unseren Wünschen gestalten. Wir werden auch liebevolle und harmonische Beziehungen führen können, weil wir fortan nicht mehr im Bewusstsein des Mangels, des Neides und der Eifersucht, sondern in einer Welt der Fülle, des inneren Reichtums und der Liebe leben.

Wenn wir das Prinzip von *Erfolgreich wünschen* erst einmal nicht nur verstanden, sondern auch tatsächlich erfahren haben, wie und dass es funktioniert, wird sich das ganze Lebensgefüge verändern.

Durch *Erfolgreich wünschen* verändern wir unser Bewusstsein. Wenn wir gewissen Fragen oder Affirmationen nachgehen, verändert sich unsere Innenwelt, und das spiegelt sich im Äußeren wider. Wir richten unsere Gedanken auf unser Ziel und heben die Blockaden und Zweifel auf, die das Erreichen der Wünsche verhindern.

Dazu sind nur wenige Minuten am Tag nötig. Wann immer wir zur Ruhe kommen: morgens, zur Einstimmung auf den Tag; abends, um die Gedanken mit in den Schlaf zu nehmen.

### Wie gehe ich mit den Botschaften auf den Karten um?

Das Beschäftigen mit deiner persönlichen Tageskarte kann dir einen tieferen Einblick in die eigenen Verhaltensweisen geben und Möglichkeiten aufzeigen, wie man aus dem Kreislauf der einengenden Muster aussteigen und dieses Potential in neue Lebensqualität umwandeln kann.

Ziehe abends oder morgens eine Karte und werde dir bewusst, in welche Richtung dein nächster Schritt zur Erfüllung deiner Wünsche führen könnte.

Da sich unsere Zukunft aus dem ergibt, was wir bewusst oder unbewusst tun oder denken, kann die jeweilige Tageskarte dir genau den richtigen Schritt weisen.

Die Karte, die du ziehst, spiegelt – dem Gesetz der Resonanz folgend – immer deine wahren Gedanken und Gefühle, mögen sie auch noch so vergraben sein. Jede Karte, die du ziehst, ist also genau in diesem Moment für dich die beste.

Sprich die Botschaften stillschweigend in deinen Gedanken oder laut rezitierend aus und spüre in jedem Moment, welche Emotion dies in dir weckt. Du kannst den Satz wie ein Mantra benutzen und wiederholen oder auch nur einmal anwenden. Es geht einfach darum, dich in Resonanz mit der Energie zu bringen, die für die Erfüllung deines Wunsches sorgt.

### Was mache ich mit den Affirmationen im Buch?

Die Karten und Affirmationen sind in die sieben Themengebiete Liebe, Loslassen, Erschaffen, Gegenwart, Vertrauen, Erfolgreich wünschen und Glück unterteilt. Die jeweils gezogene Karte zeigt dir das Hauptthema an, bei dem du an diesem Tag besonders kraftvoll wünschen kannst und offen für Veränderungen bist.

Jede Karte erhält nun in diesem Buch drei verschiedene Affirmationen.

#### Affirmation für das Glück, die Gegenwart, die Liebe…
Diese Affirmation passt am besten zu deiner jeweilig gezogenen Karte. Wiederhole die Affirmation so oft wie du möchtest und stelle sie deinem persönlichem Wunsch zur Seite. Schreibe diese Affirmation auch in dein Wunschbuch zu deinem Wunsch hinzu.

#### Affirmation zur Verstärkung deines Wunsches
Es gibt Affirmationen, die deinem Wunsch noch mehr Kraft verleihen können. Solch eine Affirmation findest du hier. Am besten, du verinnerlichst die Affirmation, wenn du deinen Wunsch noch intensiver unterstützen willst.

#### Affirmation für den Tag
Um einen guten Start in den Tag zu haben, vielleicht um einen deiner kleinen Wünsche bald erfüllt zu sehen, benutzt du die Affirmation für den Tag und verinnerlichst sie am besten morgens, bevor du aus dem Haus gehst.

Du kannst die *Affirmation für den Tag* natürlich auch für eine andere Zeitqualität einsetzen, beispielsweise für eine Ferienreise, eine Verabredung, ein Vorstellungsgespräch oder eben für eine dir besonders wichtige Zeit.

Wenn du dich abends mit den Affirmationen in diesem Buch beschäftigst, werden deine ganz eigenen Erkenntnisse und deine ganz eigene Wahrheit aus der Tiefe deiner Seele hochkommen. Wahrscheinlich träumst du sogar davon. Der Gedanke daran, dass du dich auch im Schlaf weiterentwickelst, lässt dich befreit und sorgenfrei zur Ruhe kommen, und jede Zelle deines Körpers nimmt diese Information ungehindert auf, ohne dass es zu tausend anderen Einflüssen kommt, wie sie sonst täglich auf uns einströmen.

Schlafend wirst du offener, erwachsener und freier für die Erfüllung deiner Wünsche. Je stärker du dich in das Feld dieser befreiten wundervollen Energie hineinbewegst, desto schneller werden sich deine Probleme lösen und deinen vermeintlichen Mangel in Fülle umwandeln.

Wenn du es einmal ausprobierst, spürst du den Unterschied sofort. Sehr oft wirst du sogar aufwachen und auf angenehme Weise bemerken, wie wundervoll es sich anfühlt, wenn dein Wunsch bereits in Arbeit ist.

Wenn du nun auch noch morgens eine Minute in stiller Andacht mit den Gedanken an deine gezogene Karte, der Botschaft darauf und den zugehörenden Affirmationen im Buch verbringst, wird diese Energie dich den ganzen Tag über begleiten. So wirst du die meiste Zeit in Resonanz mit deinem Wunsch verbringen und beständig diese Energie aussenden.

Vielleicht wird man dich fragen, warum du so still und leise in dich hineinlächelst? Warum du so guter Dinge bist? Das ist nämlich der wundervolle Nebeneffekt der 49 Botschaften und der Affirmationen. Wir bekommen schlagartig gute Laune und sind voller freudiger Erwartung, weil wir spüren, dass unsere Wünsche sich erfüllen werden.

Und gib keinen Druck hinter die Affirmationen. Druck erzeugt nur Gegendruck. Es lässt dich nicht entspannt und leicht sein. Wenn wir mit aller Gewalt Dinge erzwingen wollen, ist dies meist nur ein Hinweis darauf, dass wir unserer Entwicklung zum Guten nicht vertrauen. Wenn wir Druck erzeugen, wollen wir meist vor etwas fliehen. Wenden wir Druck an, geben wir unseren Wünschen vor allem die Energie des Mangels mit.

Fühle einfach nur die Kraft der Verwirklichung. Auf diese Weise ändert sich das ganze Gefüge in deinem Denken, und du gehst immer stärker mit dem, was du eigentlich gerne in deinem Leben hättest, in Resonanz.

# Liebe

Der größte Wunsch von uns Menschen ist wohl: Jemanden zu finden, der mit uns durch dick und dünn geht, der uns versteht, bei dem wir uns geliebt und angenommen fühlen. Der Wunsch nach dem Partner ist wohl der, der den tiefgreifendsten Einfluss auf unser Leben hat. Gerade beim Partnerwunsch ist es also wichtig, dass wir uns fragen: »Was will ich wirklich?«, das heißt, welche Eigenschaften soll dieser Mensch haben.

### Selbstliebe ist die Voraussetzung, um geliebt zu werden

Mindestens genauso wichtig ist es, nach der eigenen Motivation zu fragen: »Warum will ich einen Partner, was soll er mir bringen?« Meistens ist es so, dass das, was ich im Außen zu erhalten wünsche, in Wahrheit in meinem Inneren fehlt. Lautet mein Wunsch zum Beispiel: »Ich will jemanden, der mich bedingungslos liebt«, so heißt das in Wahrheit: »Ich werde nicht geliebt. Ich bin nicht liebenswert. Ich liebe mich selbst nicht.« Viele suchen also nur deshalb nach einem Partner, der sie bedingungslos liebt, weil sie sich selbst nicht lieben. Die eigentliche Ausgangsbasis für den Wunsch müsste jedoch lauten: »Ich bin liebenswert, so wie ich bin. Ich akzeptiere all meine Mängel und Fehler und nehme mich genauso an, wie ich jetzt bin. Ich bin einzigartig und schön und komme meiner Liebe zu mir selbst jeden Tag näher. Durch meine Liebe zu mir selbst ziehe ich den Menschen an, der mich mit den gleichen Augen betrachtet wie ich mich. Ich bin offen und bereit, die Liebe zu mir selbst zuzulassen sowie die Liebe eines anderen.«

### Nicht suchen, sondern finden lassen

Würde ich mir einfach nur jemanden wünschen, der mich liebt, ohne jedoch mich selbst anzunehmen, würde ich die mir entgegengebrachte Liebe überhaupt nicht annehmen können. Erst durch die innere Bereitschaft kann ich all das zulassen, was ich brauche. Ich muss dann gar nicht mehr suchen, ich werde gefunden. Denn mit der richtigen Bereitschaft findet das, was wir wirklich brauchen, uns.

Ich sehe mit den Augen
    der Liebe.
Alles, was mir begegnet,
    ist das Beste
    für mein Leben.

**Affirmation für die Liebe**
  Meine Gedanken und Taten
  sind liebevoll und senden
  die Freude nach außen,
  die ich im Inneren empfinde.

**Affirmation zur Verstärkung**
  Liebe und Freude
  durchdringen mein ganzes Sein.

**Affirmation für den Tag**
  Ich bin erfüllt von Liebe
  und strahle diese Einladung
  mit jedem Gedanken aus.

### Affirmation für die Liebe
Ich bin voller Freude
und spüre, wie die universelle Liebe
mein ganzes Wesen durchströmt.


### Affirmation zur Verstärkung
Mein Herz fließt über voller Liebe.
Ich bin ein Quell unerschöpflicher Freude.


### Affirmation für den Tag
Jeder Gedanke ist verbunden
mit tief gefühlter Liebe.

Ich bin offen und bereit,
damit die Liebe
in meinem Leben
in Erscheinung tritt.

Ich bin offen und bereit, die Liebe zu mir selbst und die Liebe eines anderen Menschen zuzulassen.

### Affirmation für die Liebe
Liebe steht mir zu
und ist in meinem Leben willkommen.

### Affirmation zur Verstärkung
Ich bin angeschlossen an die Liebe
und an den Fluss des Lebens.

### Affirmation für den Tag
Meine Fähigkeit, Liebe zu zeigen,
nimmt von Tag zu Tag zu.

**Affirmation für die Liebe**
Ich liebe mein Leben
und umarme mich selbst jeden Tag
mit liebevollen Gedanken.

**Affirmation zur Verstärkung**
Ich bin wahre Liebe.

**Affirmation für den Tag**
Innere Freude bringt mich
der Liebe zu mir selbst
jeden Tag näher und näher.

Ich bin einzigartig
und schön
und komme der Liebe
zu mir selbst
jeden Tag näher.

Ich erlaube der Liebe
in meinem Herzen,
Signale nach außen
zu senden.

### Affirmation für die Liebe
Ich bin in liebevoller Kommunikation
mit mir und meinen Mitmenschen.

### Affirmation zur Verstärkung
Liebe ist mein natürlicher Ausdruck.

### Affirmation für den Tag
Mein wahres Wesen ist die Liebe.
Ich erkenne diese Wahrheit an
und teile sie meinem Umfeld mit.

### Affirmation für die Liebe
Ich öffne – alle – meine inneren Räume
für die Liebe.

### Affirmation zur Verstärkung
Ich liebe das Leben
und das Leben liebt mich.

### Affirmation für den Tag
Ich bin dankbar
für die allumfassende Liebe,
die sich jetzt in meinem Leben entfaltet.

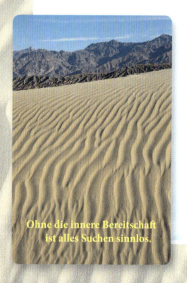

Ohne die innere
Bereitschaft
ist alles Suchen sinnlos.

Ich bin
die schöpferische Kraft
in meinem Leben.

**Affirmation für die Liebe**
   Ich erschaffe in meinem Leben
   Freude, Harmonie und Fülle.


**Affirmation zur Verstärkung**
   Ich erkenne mein Potential an
   und schöpfe aus der
   unendlichen Kraft der Liebe.


**Affirmation für den Tag**
   Mein liebevolles Wesen
   inspiriert meine Mitmenschen,
   so dass sich diese Energie
   in ihrer ganzen Schönheit entfaltet.

# Loslassen

Wir sollten niemals unseren Sorgen nachhängen, denn damit bleiben wir in dem Zustand, in dem wir uns gerade befinden. Es ist also gleichgültig, wo und wie du dich jetzt gerade befindest. Niemand kann dich da rausholen – niemand außer dir selbst. Fange an umzudenken. Willst du etwas anderes erleben, beginne mit der Kraft deiner Gedanken zu arbeiten. Und zwar ganz bewusst. Überlasse nicht mehr dein ganzes Leben deinen unbewussten Gedanken und Mustern aus der Vergangenheit. Auch wenn deine Lage schlecht oder gar hoffnungslos erscheint, zementiere deinen Zustand nicht mit Worten und Taten. Willst du dich davon lösen, suche dir positive Entsprechungen und beschäftige dich, so oft es geht, damit.

## Zweifel durch lebensbejahende Affirmationen ersetzen

Auf den ersten Blick betrachtet sind Affirmationen einfach positiv formulierte Sätze, also Bejahungen, die unsere Lebensziele verstärken. Doch in Wahrheit bewirken sie wesentlich mehr: Wir erkennen all unsere negativen Glaubenssätze – das sind die Zweifel, die immer wieder nach oben schwappen und uns vom Glück abschneiden – und ersetzen sie durch lebensbejahende, bewusste Affirmationen. Damit verändert sich unser ganzes Leben. Denn Affirmationen, die immer und immer wieder gedacht oder gesprochen werden, wandern tief in unser Unterbewusstsein und verändern unsere gesamte Grundeinstellung, unsere Überzeugungen. Da sich immer das realisiert, was wir glauben, helfen uns Affirmationen am schnellsten, unseren Glauben zu transformieren und damit – durch die stete Wiederholung – die Erfüllung unserer Wünsche in unser Leben zu ziehen.

Wenn du jedoch bemerkst, dass wieder einmal Zweifel deine Gedanken beherrschen, wende dich deiner ganz persönlichen Wunschformulierung zu und wiederhole sie solange, bis du die Kraft und den Frieden spürst, die von ihr ausgehen. Denn: Wenn wir bereits etwas denken, ist kein Platz für einen zweiten Gedanken.

Ich lasse
es vollkommen offen,
auf welche Weise
der Wunsch sich
in meinem Leben
erfüllen soll.

**Affirmation für das Loslassen**
Ich konzentriere mich auf das Wesentliche
und überlasse es der Schöpferkraft,
dies zu verwirklichen.


**Affirmation zur Verstärkung**
Ich bin offen und bereit,
die Erfüllung meiner Wünsche zuzulassen.


**Affirmation für den Tag**
Ich nehme alles Neue,
was das Leben mir bietet,
voller Freude und liebevoller Bejahung an.

### Affirmation für das Loslassen
Ich bin bereit, das Leben
mit offenen Armen zu empfangen,
und freue mich auf die Veränderung,
denn sie bedeutet, das Leben zu bejahen.

### Affirmation zur Verstärkung
Ich bin innerlich frei von Begrenzungen
und dies spiegelt sich im Außen wider.

### Affirmation für den Tag
Ich lebe mein Leben
voller Leichtigkeit und Freude.

Das Suchen
verhindert das Zulassen.
Solange wir suchen,
sind wir an ein ganz
bestimmtes Objekt
oder Ziel gebunden.

Will ich die äußeren
Umstände ändern,
muss ich mich ändern.

**Affirmation für das Loslassen**
Ich lasse alle negativen Meinungen
anderer Menschen über mich los.
Es hat nichts mit mir zu tun.
Ich bin der Schöpfer meiner Wirklichkeit.
Ich entscheide bewusst, was ich annehme.

**Affirmation zur Verstärkung**
Meine positive Einstellung
erschafft die Wunder in meinem Leben.

**Affirmation für den Tag**
Ich kenne meine Wünsche sehr genau
und kann sie mit klarer Stimme mitteilen.

### Affirmation für das Loslassen
Mit positiven Gedanken belohnen wir uns und unser Leben.
Mit negativen Gedanken bestrafen wir immer nur uns selbst.

### Affirmation zur Verstärkung
Ich stehe im tiefen Urvertrauen zu allem und mir selbst.

### Affirmation für den Tag
Ich spüre die Kraft
meiner positiven Einstellung
und vermehre diese mit jedem Tag.

Zweifel
rauben uns
und unserem Wunsch
alle Energie.

Ich lasse
   alle meine alten Muster
   und Begrenzungen
      los.

**Affirmation für das Loslassen**
   Ich lasse alles los,
   was mich daran hindert,
   mein Potential zu leben.

**Affirmation zur Verstärkung**
   Meine Wahrheit kommuniziere ich
   voller Selbstachtung und Liebe.

**Affirmation für den Tag**
   Ich lasse mit jedem Ausatmen
   alte Glaubensmuster los
   und lasse mit jedem Einatmen
   die Liebe zu mir selbst zu.

**Affirmation für das Loslassen**
Ich sende meine klaren Wünsche aus
und bin voller Vertrauen darauf,
dass sie sich in meinem Leben
verwirklichen.

**Affirmation zur Verstärkung**
Mein Herz ist voller Leichtigkeit
und Freude.

**Affirmation für den Tag**
Ich befreie mich
von meinen sorgenvollen Gedanken
und vertraue darauf,
dass alles zu meinem Besten geschieht.

Wenn gar nichts
mehr geht:
Wünschen
geht immer!

Wohin wir auch gehen –
wir nehmen uns
immer mit.

### Affirmation für das Loslassen
Jede Veränderung in meinem Leben
befreit mich vom Alten
und öffnet mich für das Neue.

### Affirmation zur Verstärkung
Ich bin ein Geschenk
für mich und andere.

### Affirmation für den Tag
Ich treffe meine Entscheidungen
voller Verantwortungsbewusstsein
und bin dankbar für die Freiheit,
die ich dadurch innerlich habe.

# Erschaffen

Wenn wir im Mangel leben, zeigt dies nur, dass unsere Gedanken sich überwiegend mit Mangel beschäftigen. Das, was wir Schicksal nennen, entsteht zunächst in unserem Inneren, in unseren gedanklichen Bildern und Verhaltensmustern. Ohne es zu wissen, richten wir unser Leben nach ihnen aus und suchen immer wieder Ereignisse, die uns diese inneren Bilder auch im Außen bestätigen. Beschäftigen wir uns mit negativen Dingen und verharren dort für eine geraume Weile oder kehren immer wieder zu diesen Emotionen zurück, nimmt unser Bewusstsein auch im Außen diese Schwingung auf und erlebt sie als Blockaden oder negative Ereignisse. Denken wir im Gegensatz dazu positiv und empfinden diese Emotion tief in uns, erleben wir sie auch im Außen. Unser Bewusstsein nimmt diese positive Schwingung auf und erschafft sie im Außen als Glück und Wohlstand, als Hilfsbereitschaft und Freundlichkeit.

- Willst du dein Leben verändern, so lass alles Vergangene los und kümmere dich nicht mehr darum. Halte nicht emotional an Dingen fest, die du nicht ändern kannst, und beklage dich nicht länger.
- Stehe zu allem, was du gerade erlebst. Auch wenn es dir nicht gefällt. All das hast du dir durch deine jahrelangen Gedanken herbeigewünscht.
- Höre auf mit allem negativen Denken.
- Bewerte oder verurteile dich nicht selber.
- Konzentriere dich nur auf das, was du erschaffen willst.
- Vertraue der Kraft deiner Wünsche.
- Visualisiere das Gewünschte so oft es geht.
- Fühle dich in die gewünschte Situation bereits jetzt ein.
- Lass deine positiven Gedanken überwiegen.
- Sei guter Laune. Auch wenn es scheinbar nichts gibt, was deine Laune anheben könnte. Gute Laune erzeugt positive Gedanken, positive Gedanken senden positive kraftvolle Energie nach außen und beschleunigen die Erfüllung deines Wunsches.

Alles ist Energie.
Gedankenkraft
ist pure Energie.

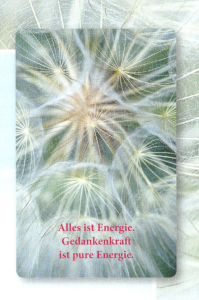

Alles ist Energie.
Gedankenkraft
ist pure Energie.

**Affirmation für das Erschaffen**
Ich weiß, dass die mir innewohnende Kraft
alles in mein Leben zieht,
was ich mir wünsche.

**Affirmation zur Verstärkung**
Ich verbinde meine Herzensliebe
und mein Bewusstsein zu einer Einheit.
Diese Einheit bildet meine innere Weisheit,
aus der ich unendlich viel erschaffen kann.

**Affirmation für den Tag**
Ich genieße die Schönheit
und die Freude des Lebens
und baue mit dieser Erfahrung
meine Zukunft auf.

**Affirmation für das Erschaffen**
Ich entscheide mich jetzt, liebevoll über mich und meine Mitmenschen zu denken. Meine Handlungen sind liebevoll und getragen von Wertschätzung.

**Affirmation zur Verstärkung**
Ich empfange die universelle Schöpfungskraft und bekomme alles, was ich brauche.

**Affirmation für den Tag**
Ich weiß, dass ich jede Veränderung in meinem Leben selbst erschaffe, und handle liebevoll und verantwortungsbewusst.

**Der ständige Blick auf unseren Mangel verstellt uns den Blick auf unseren Reichtum.**

Besitz soll mir dienen –
und nicht ich
dem Besitz.

### Affirmation für das Erschaffen
Alles, was ich besitze,
zeugt von der Leichtigkeit
in meinem Leben.

### Affirmation zur Verstärkung
Meine innere Freude
spiegelt sich im Außen wider.
So erschaffe ich eine Welt voller Fülle.

### Affirmation für den Tag
Es steht mir zu, Fülle zu erschaffen
und auch zu bewahren.

### Affirmation für das Erschaffen
Ich genieße mein Leben voller Freude,
denn es ist mein größtes Geschenk.

### Affirmation zur Verstärkung
Ich bin innerlich und äußerlich reich.

### Affirmation für den Tag
Ich bin in meiner Mitte
und liebe mich
genauso wie ich bin.
Dadurch erschaffe ich jetzt
ein liebevolles und
harmonisches Umfeld.

Alles
  ist im Überfluss
    vorhanden,
doch verteilt wird
    nur nach Nachfrage.

Wer nicht
an den Erfolg glaubt,
kann keinen Erfolg
haben.

**Affirmation für das Erschaffen**
Ich öffne mich für den Erfolg
in meinem Leben.
Es steht mir zu, erfolgreich zu sein.

**Affirmation zur Verstärkung**
Ich erschaffe jetzt das Leben,
das ich führen möchte.
Meinen Wünschen
stehen alle Türen offen.

**Affirmation für den Tag**
Ich höre meinen Gedanken
aufmerksam zu und weiß,
dass sie in jeder Sekunde
meine Zukunft erschaffen.

### Affirmation für das Erschaffen
Alles, was sich im Außen zeigt,
spiegelt meine innere Einstellung wider.
Was will ich, dass andere von mir sehen?

### Affirmation zur Verstärkung
Wenn ich fähig bin, das Erwünschte vor
meinem geistigen Auge zu visualisieren,
dann bin ich auch fähig,
es in der materiellen Welt zu erschaffen.
Es ist nur eine Frage des Energieaufwandes.

### Affirmation für den Tag
Ich bin voller Respekt und Achtung
vor der Leistung anderer.
Sie spiegelt die Schöpferkraft in uns wider.

Wer nicht
   an sich arbeitet,
an dem wird gearbeitet.

Es gibt keine Grenzen.
Die wahren
Begrenzungen
existieren nur
in meinem Kopf.

### Affirmation für das Erschaffen
Ich bin voller Glück und Freude über die
neue geistige Entfaltung meines Selbst.

### Affirmation zur Verstärkung
Ich bin gedanklich frei von Begrenzungen.
Ich bin bereit, meine Freiheit zu leben.

### Affirmation für den Tag
Nichts und niemand
bestimmt mein Leben.
Immer nur ich selbst.

# Gegenwart

Seit einigen Jahren darf ich miterleben, wie unzählige Menschen die Kraft des Wünschens für sich entdecken und erfolgreich einsetzen. Wie sie sich aus finanziellen Verstrickungen lösen, alte Lasten loswerden, neue Freunde gewinnen, einen wundervollen Partner in ihr Leben ziehen, Anerkennung und Wertschätzung erfahren und sogar Ruhm und Reichtum.

Und das Wundervollste daran ist, dass all das, was so viele Menschen erfahren haben, keine Zufälle sind. Dies kann jeder von uns. Jeder von uns kann ein erfülltes, erfolgreiches und glückliches Leben führen. Wir müssen es uns nur wünschen.

### In jedem von uns schlummert diese wundervolle Kraft,

sein Leben nach seinen eigenen Wünschen zu gestalten. Auch in dir. Liebe, Glück und Erfolg sind kein großes gewaltiges Gebäude, das erst errichtet werden muss. Sie sind die Ansammlung von vielen kleinen Momenten. Wenn wir jetzt in diesem Moment glücklich sein wollen, gibt es nur eins, das wir tun sollten: Wir sollten beginnen unser Augenmerk auf die Dinge zu lenken, die uns ein angenehmes Gefühl schenken. Dies bedeutet nichts anderes als diesen Augenblick, den wir jetzt gerade erleben, einfach nur zu genießen. Und natürlich dankbar zu sein.

### Dankbarkeit lenkt unser Bewusstsein …

… darauf, was wir bereits haben. Wir sind im Grunde genommen bereits gesegnet, wir wollen es nur nicht wahrhaben. Ständig vergleichen wir uns mit anderen und wollen das haben, was die anderen besitzen. Diese innere Haltung bewirkt andauernde Unzufriedenheit, eine negative Gedanken- und Gefühlsschleife. Um dort wieder hinaus zu kommen, braucht es sicherlich ein Umdenken. Wenn ich anfange, mein Dasein bedingungslos zu lieben, dann betrachte ich meinen Seinszustand bewusst und kann ihn verändern – wenn ich es wirklich will und bewege mich in das Reich der Fülle.

Die Vergangenheit
ist vorbei.
   Die Zukunft
   noch nicht da.
      Ich lebe jetzt,
      im Moment.

**Affirmation für die Gegenwart**
   Ich liebe meine Freiheit
   und mein Herz fließt über voller Freude
   über die Leichtigkeit,
   die jetzt in meinem Leben stattfindet.

**Affirmation zur Verstärkung**
   Mein Herz ist mit allem
   im Jetzt verbunden.

**Affirmation für den Tag**
   Meine positiven Gedanken
   erschaffen jetzt die Welt,
   die ich mir wünsche.

### Affirmation für die Gegenwart
Ich sehe meine positiven Ziele
zum Wohle meiner selbst und anderer
klar vor meinem geistigen Auge.
Voller Freude erwarte ich deren Erfüllung
im Hier und Jetzt.

### Affirmation zur Verstärkung
Voller Freude bejahe ich
meine schöpferische Natur
und erschaffe alles,
was ich mir wünsche.

### Affirmation für den Tag
Ich bin erfolgreich und manifestiere
diese Wahrheit im Hier und Jetzt.

Ich erschaffe jetzt
das Leben,
das ich gern
führen möchte.

Ich kann jeden Tag
   mein Leben ändern.
Heute wäre ein guter Tag.

**Affirmation für die Gegenwart**
   Ich führe meine ganze positive
   Gedankenkraft zum gewünschten Ziel hin
   und bleibe so lange dabei,
   bis es sich verwirklicht hat.

**Affirmation zur Verstärkung**
   Jeder Tag ist eine Chance zur Erneuerung.

**Affirmation für den Tag**
   Die Gegenwart, in der ich jetzt lebe,
   ist die Summe
   meiner vorangegangenen Gedanken.
   Ich entscheide mich jetzt,
   meine Zukunft nach meinen
   bewussten Wünschen zu verändern.

### Affirmation für die Gegenwart
Ich lebe voller Freude
in diesem Moment,
genieße das Leben und
bejahe es bedingungslos.

### Affirmation zur Verstärkung
Ich bin der schöpferischen Kraft
in meinem Innersten dankbar.
Die Quelle meiner Inspiration
ist unerschöpflich.

### Affirmation für den Tag
Mein Leben ist von Leichtigkeit
und Liebe getragen.
Ich bin ein Quell der Freude
für mich und mein Umfeld.

Jeder Augenblick
in meinem Leben
ist neu und wundervoll.

Mir selbst zu vertrauen
bedeutet,
an mich zu glauben.

**Affirmation für die Gegenwart**
Ich bin offenherzig und großzügig.
Immer im tiefen Vertrauen,
dass das Richtige für mich geschieht.

**Affirmation zur Verstärkung**
Ich kann mich jeden Tag entscheiden,
einen anderen Weg zu gehen. Ich treffe
diese Entscheidung in vollstem Vertrauen.

**Affirmation für den Tag**
Ich bin immer
in liebevoller Achtsamkeit für mich da.
Meine wundervollen Begegnungen
stärken mein Selbstwertgefühl
jeden Tag mehr und mehr.

**Affirmation für die Gegenwart**
Ich bin dankbar
für die kleinen und großen
Glücksmomente in meinem Leben.
Sie erfüllen mein Dasein mit Freude.

**Affirmation zur Verstärkung**
Ich bin voller Dankbarkeit
und innerer Freude über die Fülle,
die mich umgibt.

**Affirmation für den Tag**
Ich entscheide mich jetzt dafür,
Liebe und Dankbarkeit auszusenden.

Danken
verlegt den Wunsch
in die Gegenwart.

Ich bin im Hier und Jetzt
und genieße
jeden Augenblick.

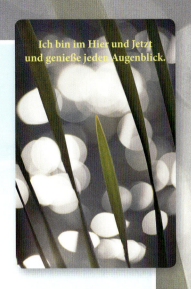

**Affirmation für die Gegenwart**
Voller Freude lasse ich mich
auf den Augenblick ein und nehme
jeden Moment in meinem Herzen auf.

**Affirmation zur Verstärkung**
Die negativen Glaubensmuster
aus meiner Kindheit haben
ab jetzt keinerlei Macht über mich.
Ich bin innerlich und äußerlich
vollkommen frei.

**Affirmation für den Tag**
Ich bin voller Strahlkraft und
Selbstwertgefühl, was ich jetzt
in liebevollen Handlungen ausdrücke.

# Vertrauen

Will man *erfolgreich wünschen*, ist es ganz wichtig, den Zweifeln keine Nahrung zu geben, denn Zweifeln ist nichts anderes, als an die Nicht-Erfüllung des eigenen Wunsches zu glauben.

Wer behauptet, nicht daran zu glauben, glaubt in Wahrheit ebenso: Er glaubt an das Gegenteil seines Wunsches.

## Der richtige Glaube versetzt Berge

Wir glauben immer irgendetwas. Und sei es nur, dass etwas nicht funktioniert. Seltsamerweise sind wir in unserem Zweifel besser und intensiver als in unserem Glauben an das erfolgreiche Wünschen. Mit Zweifeln stehen wir uns aber nur selbst im Weg. Mit dem Zweifel ruft man seine Wünsche, kaum dass sie ausgesandt wurden, wieder zurück.

Oft wird parallel zum Wunsch gesagt oder gedacht: »Das funktioniert ja sowieso nicht.« Aber auch dieser Gedanke ist nichts anderes als ein ausgesprochener Wunsch. Die Erwartungshaltung lautet dann: »Es funktioniert nicht.« Oder: »In meinem Leben funktioniert es nicht.«

Und was wird dann geschehen? Dieser ausgesandte Negativ-Wunsch wird genauso ausgeliefert.

## Übe dich im Vertrauen

Alles positive Denken, alle Mantren dieser Welt helfen nicht, wenn wir tief in unserem Inneren ständig an Mangel und Begrenzungen denken. Denn der Zweifel ist eine tief verwurzelte Einstellung. Er ist ein fest verankerter Glaube, der sich genauso verwirklicht.

Wer nicht an den Erfolg glaubt, kann keinen Erfolg haben. Daher ist es so wichtig, sich ständig im eigenen Vertrauen zu üben. Störende Gedanken haben dann keine Kraft, weil man ihnen keine Kraft schenkt. Man vertraut auf seine Wünsche und verleiht ihnen gerade dadurch Stärke und erzeugt so das richtige Resonanzfeld.

Ich vertraue
dem Fluss des Lebens.

**Affirmation für das Vertrauen**
Meine innere Weisheit nimmt mich mit
zu meinem Seelenauftrag.
Ich vertraue vollkommen
dieser inneren Führung.

**Affirmation zur Verstärkung**
Ich bin voller Selbstvertrauen
und weiß um meine innere Kraft.

**Affirmation für den Tag**
Ich bin verbunden
mit meiner inneren Führung.
Ich vertraue darauf,
dass mein Weg voller Freude
und liebevoller Begegnungen ist.

### Affirmation für das Vertrauen
Ich habe mein Ziel klar vor Augen
und gehe meinen Weg voller Liebe.

### Affirmation zur Verstärkung
Wenn ich tief in meinem Inneren
das Gefühl von Reichtum spüre,
wird mir auch im Außen
Reichtum begegnen.

### Affirmation für den Tag
Ich vertraue darauf,
dass die Quelle meiner inneren Kraft
unerschöpflich ist
und allen Menschen Freude bereitet.

Alles, was ich brauche,
erhalte ich
zur rechten Zeit.

Meine Gedanken sind wie unsichtbare Magneten, die all das anziehen, was ihnen ähnlich ist.

**Affirmation für das Vertrauen**
Ich bin mir sicher, dass alles, was für mich wichtig ist, zur richtigen Zeit auf mich zukommt.

**Affirmation zur Verstärkung**
Ich bin in der Fülle.
Ich brauche nur mein Herz zu öffnen, dann kann ich es erkennen.

**Affirmation für den Tag**
Ich bin mutig.
Ich schöpfe alle Kraft, die ich benötige, aus meinem Inneren und weiß, dass ich die richtigen Entscheidungen treffe.

**Affirmation für das Vertrauen**
Meine Gedanken und Gefühle
stimmen überein
und erschaffen die Fülle für mich.

**Affirmation zur Verstärkung**
Ich verdiene es, geliebt zu werden.
Ich darf so sein, wie ich bin.

**Affirmation für den Tag**
Ich kenne meine wahre Natur
und lebe sie voller Freude aus.

Am besten ist immer
der Partner,
der wirklich zu uns
passt –
und das ist immer
derjenige, der die Welt
mit gleichen Augen sieht.

Wünsche
   gehen in Erfüllung,
   und zwar genau
   wie bestellt.

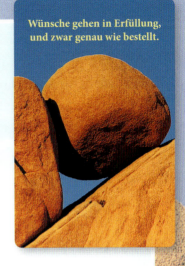

**Affirmation für das Vertrauen**
   Ich übernehme Verantwortung
   für mein Leben
   und lenke alle meine Wünsche
   durch die mir innewohnende Weisheit
   in die richtige Richtung.

**Affirmation zur Verstärkung**
   Ich bin voller Urvertrauen.

**Affirmation für den Tag**
   Ich baue Schritt für Schritt
   an einem neuen, bereichernden Leben.

**Affirmation für das Vertrauen**
Meine Intuition ist ein Geschenk
der mir innewohnenden Schöpferkraft.
Ich lasse sie in vollkommener Weise zu.


**Affirmation zur Verstärkung**
Ich bin mutig
und gehe meinen eigenen Weg
voller Zuversicht.


**Affirmation für den Tag**
In jeder Aufgabe erkenne ich
die Lösung klar und deutlich
und ich bin fähig,
sie liebevoll umzusetzen.

**Bereit sein bedeutet,**
**all die Wunder**
**in meinem Leben**
**zuzulassen.**

Ich kann nur das
  erhalten,
  was ich auch bereit bin
  anzunehmen.

**Affirmation für das Vertrauen**
  Alles Wahre und Schöne
  kommt auf mich zu,
  und ich öffne mich
  bedingungslos.


**Affirmation zur Verstärkung**
  Ich bin offen und bereit
  für die Fülle in meinem Leben.


**Affirmation für den Tag**
  Mein Herz öffnet sich,
  um die wundervollen Begegnungen
  in meinem Leben zuzulassen.

# Erfolgreich wünschen

Wenn du eine Karte aus diesem Themenkreis gezogen hast, bist du gerade in der kraftvollen Energie, deinen Wünschen auch Erfolg zu bescheren. Nimm dieses Geschenk der Zeit an und konzentriere dich umso mehr auf dein Ziel.

## Nur das kann sich verwirklichen, woran wir glauben

In unserer Welt kann sich nur das verwirklichen, woran wir glauben. Jeder Gedanke ist reinste Energie, und diese Energie setzt alles daran, sich zu manifestieren, das heißt, den Gedanken in die Tat umzusetzen.

Die ausgesandte Energie sucht sich auf ihrem Weg eine gleich schwingende Energie, nämlich genau eine solche, die mit unseren Gedanken in Resonanz steht. Durch die Kraft der Gedanken ziehen wir somit all das, was wir über uns und andere Menschen denken, in unser Leben.

Mit unseren Gedanken senden wir Aufträge, Erwartungen und Anforderungen aus – gleichgültig, ob wir sie bewusst oder unbewusst denken.

## Affirmationen, die helfen

Mit Hilfe von Affirmationen konzentrieren wir unsere Energie auf unsere Ziele, sie sind also der eigentliche Wunderschlüssel, mit dem wir unser Leben verändern.

In diesem Kapitel findest du daher für das jeweilige Thema solche Affirmationen. Die meisten von ihnen haben mir selber schon sehr oft geholfen; alle funktionieren ausgezeichnet. Am besten ist es, wenn man sich am Ende jeder Affirmation seinen ganz persönlichen Wunsch bildlich vorstellt.

Was immer es ist, lass ihn wie einen kleinen Film vor deinem geistigen Auge ablaufen und bleibe in dieser von dir geschaffenen Energie, solange es geht. Wenn du spürst, dass irgendwann die Zweifel wieder überhand nehmen, kehre einfach zu dem Text zurück. Er bringt dich schnell wieder in die gewünschte Energie.

Was ich glaube,
   verwirklicht sich,
   was ich nicht glaube,
   kann in meinem Leben
   nicht stattfinden.

**Affirmation fürs *Erfolgreich wünschen***
   Mein innerer Reichtum manifestiert
   sich jetzt in äußerer Fülle.


**Affirmation zur Verstärkung**
   Ich entdecke meine innere Kraft.
   Ich inspiriere mich selbst und andere
   mit meiner Strahlkraft.


**Affirmation für den Tag**
   Ich erkenne die Zeichen der Zeit
   und richte mich voller Freude nach ihnen.

### Affirmation fürs *Erfolgreich wünschen*
Ich erlaube mir, meine Wünsche auszuleben. Es ist in Ordnung so.
Ich bin in Ordnung.

### Affirmation zur Verstärkung
Ich bin glücklich, dass mich Reichtum und Fülle in meinem Leben begleiten.

### Affirmation für den Tag
Ich habe unbegrenzte Möglichkeiten. Ich entscheide mich, mein Leben selbst in die Hand zu nehmen und meine Wünsche zu verwirklichen.

Die Wirklichkeit entsteht tief in meinem Inneren und tritt dann außen in Erscheinung.

Zweifel
bedeuten
die Stornierung
der Bestellung.

**Affirmation fürs *Erfolgreich wünschen***
Ich weiß, dass alles zur richtigen Zeit
in mein Wahrnehmungsfeld kommt.

**Affirmation zur Verstärkung**
Ich vertraue mir.
Ich vertraue meinen Wünschen.

**Affirmation für den Tag**
In meinem Bewusstsein schaffe ich Platz
für Wohlstand, Freude und Unterstützung.

### Affirmation fürs *Erfolgreich wünschen*

Ich bewahre meinen Wunsch in meinem
Herzen, bis er sich verwirklicht hat.
Ich sende ihm beständig
liebevolle Energie zu.

### Affirmation zur Verstärkung

Meine Kraft nimmt täglich zu.
Ich bin fähig, alle meine Wünsche
zu verwirklichen, und vertraue darauf,
dass es geschieht.

### Affirmation für den Tag

Jeder Tag ist voller Wunder.
Ich darf so viele Wünsche haben, wie ich
will, und bin dankbar für deren Erfüllung.

Rede mit niemandem
über deinen Wunsch,
bis er sich erfüllt.

Mit dem Universum
zu arbeiten
ist wesentlich einfacher,
als sich alleine
abzustrampeln.

**Affirmation fürs *Erfolgreich wünschen***
Ich bin voller Freude und Zuversicht,
dass alles zur richtigen Zeit
am richtigen Ort für mich bereit ist.

**Affirmation zur Verstärkung**
Je mehr ich gebe, desto mehr Fülle erhalte
ich. Der Fluss des Lebens hält auch für
mich unerschöpflichen Reichtum bereit.

**Affirmation für den Tag**
Mein seelisches Gleichgewicht
ist in vollkommenem Frieden
mit mir selbst und anderen.
Ich wünsche allen Menschen nur das Beste
und segne sie auf ihrem Weg.

**Affirmation fürs *Erfolgreich wünschen***
Ich lebe in einem liebevollen Umfeld
und mein Herz ist voller Dankbarkeit.

**Affirmation zur Verstärkung**
Ich bin beschützt und vertraue darauf,
dass alles zu meinem Besten geschieht.

**Affirmation für den Tag**
Ich wünsche allen Lebenswesen
Glück und Liebe und bin dadurch
mit allem verbunden.

**Jeder Wunsch
 beinhaltet schon
 die Erfüllung
 in sich selbst.**

Energie folgt immer
der Aufmerksamkeit.

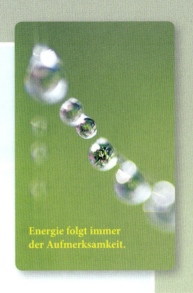

Energie folgt immer
der Aufmerksamkeit.

**Affirmation fürs *Erfolgreich wünschen***
Ich liebe jede Zelle meines Körpers und
erschaffe mir so vollkommene Gesundheit.

**Affirmation zur Verstärkung**
Ich wünsche mir ab jetzt
Vollkommenheit in meinem Leben.
Ich bin offen und bereit dafür.

**Affirmation für den Tag**
Da, wo wir unseren Blick hinlenken,
bündeln wir unsere Energie.
Ich bin sehr bewusst für alles,
was ich erschaffe.

# Glück

Wird man durch *Erfolgreich wünschen* glücklicher? Ja, auf jeden Fall, aber anders als gedacht. Glück ist eine innere Haltung und hat nur wenig mit dem real erlebten Äußeren zu tun.

Sind wir ohne Geld oder Partner nicht glücklich, sind wir es auch nicht mit ihnen. Schließlich kennt wohl jeder von uns Menschen, die Geld und Partner oder Berühmtheit erlangt haben und dennoch ewig schlecht gelaunt oder unglücklich sind.

## Glück ist eine Entscheidung

Wollen wir Glück erfahren, werden wir es nicht durch äußere Einflüsse erhalten. Glück entsteht nämlich immer von innen heraus. Glück ist ein Zustand, in dem wir uns befinden, mit oder ohne Partner, mit oder ohne Geld, mit oder ohne Haus und Ansehen. Viele aber glauben, sie könnten nur glücklich sein, wenn sie etwas Bestimmtes besitzen. Und genau dieses Wörtchen »wenn« lässt uns nicht glücklich sein.

## Hat *Erfolgreich wünschen* mich glücklicher gemacht?

Ja, unbedingt! Weniger weil sich alle Wünsche in meinem Leben nun erfüllen, sondern weil ich bewusster mit meinem Leben umgehe und mich meiner Führung anvertraue.

Bereits die Tatsache, dass ich immer wieder erfahren darf, dass sich meine Wünsche realisieren, wenn ich es möchte, lässt mich wissen, dass ich mich hier auf Erden nicht allein abstrampeln muss. Selbst in den stillsten und einsamsten Momenten bin ich erfüllt und glücklich. Ob völlig zurückgezogen oder beim Bad in der Menge, ich bin verbunden. Und voller Dankbarkeit.

Erwartungen werden
oft nur enttäuscht,
weil ich erwarte,
dass ich enttäuscht werde.

**Affirmation für das Glück**
  Ich erwarte glückliche Fügungen
  und bin dankbar dafür.


**Affirmation zur Verstärkung**
  Ich erwarte nur das Beste
  von meinem Leben
  und bejahe es voller Freude.


**Affirmation für den Tag**
  Ich bin offen und bereit,
  die Glücksmomente in meinem Leben
  zu erkennen.

### Affirmation für das Glück
Mein strahlendes Sein
zieht freudige Ereignisse in mein Leben.

### Affirmation zur Verstärkung
In der Tiefe meines Seins
erfahre ich das Glück
und gebe dieses Gefühl
an meine Umgebung weiter.

### Affirmation für den Tag
Das, was mir »zufällt«,
ist für mich bestimmt.
Ich habe es selbst erschaffen
und angezogen.

Das Leben spiegelt
im Außen
immer nur meine
innere Wirklichkeit.

Ich kann mein Leben
selbst gestalten.
   Wenn ich es nur will.

**Affirmation für das Glück**
   Ich bin frei und unabhängig
   von der Meinung anderer.
   Ich bin in meiner Mitte
   und das macht mich glücklich.


**Affirmation zur Verstärkung**
   Glücklich zu sein, ist eine Entscheidung.


**Affirmation für den Tag**
   Meine tägliche heitere Gelassenheit
   lässt mich die glücklichen Momente
   erkennen.

### Affirmation für das Glück
Ich vertraue auf meine innere Kraft,
die mich zu meinem wahren Glück führt.

### Affirmation zur Verstärkung
Ich öffne mein Herz
und lasse alle alten emotionalen
Verletzungen los,
auf dass dies ein neuer Beginn sein darf.

### Affirmation für den Tag
Ich lasse alles mich Belastende los
und erinnere mich an die Freude,
die mein Leben
als Grundton bestimmt.

Ich bin offen
   für das Leben
und die Freude.

**Wahres Glück entsteht
immer von innen heraus.**

**Affirmation für das Glück**
  Ich bin glücklich.
  Das ist meine wahre Natur.

**Affirmation zur Verstärkung**
  Ich bin erfüllt
  von der tiefen Wahrheit
  der Liebe,
  die mich durchströmt
  und mich mit mir selbst verbindet.

**Affirmation für den Tag**
  Ich vertraue den Entscheidungen
  meines Herzens und bin davon beseelt.

### Affirmation für das Glück
Meine positive Einstellung zum Leben lässt mich in jeder Herausforderung mein Potential erkennen.

### Affirmation zur Verstärkung
Harmonie und Glück bestimmen mein Leben. Ich bin dankbar dafür.

### Affirmation für den Tag
Meine Fähigkeit, Glück zu empfinden, nimmt jeden Tag zu.

Es ist immer nur
unsere Vorstellung,
die etwas zulässt
oder verhindert.

**Glück ist eine Frage der Einstellung.**

**Affirmation für das Glück**
  Glücklich zu sein
  entspricht meinem wahren Wesen,
  welches ich voller Freude zeige.

**Affirmation zur Verstärkung**
  Ich verweile in der Stille meines Herzens
  und spüre das Glücksgefühl,
  das mein ganzes Sein durchströmt.

**Affirmation für den Tag**
  Ich beschließe, jetzt glücklich zu sein.
  Alle Menschen, denen ich begegne,
  sind glücklich, mich zu sehen.

# 7 Regeln, wie Träume wahr werden

### Regel 1: *Fang einfach an*
Wie kommt man am schnellsten zu den ersten Erfolgen? Mit kleinen Wünschen! Denn bei kleinen Wünschen vertraut man am ehesten auf deren Erfüllung. Und gerade das ist das Wichtigste beim Wünschen: **Vertrauen**.
>Überzeuge dich und deinen Verstand zuerst mit kleinen Wünschen!

### Regel 2: *Richtig formulieren!*
Wünsche immer in der Gegenwartsform, nie in der Zukunftsform. Und: Wünsche immer so senden, als seien sie bereits erfüllt. Ein Wunsch-Satz heißt also z. B.: »Ich bin reich.« Und nicht: »Ich will reich sein.« Niemals negativ wünschen, z. B.: »Ich will nicht krank sein, nicht arbeitslos werden…«
>Entspanne dich, schreibe deinen Wunsch klar und positiv auf.

### Regel 3: *Danken – der Turbo fürs Erfolgreich wünschen*
**Danken verbindet uns mit dem Universum und dem Fluss des Lebens.** Wir bestätigen unseren Auftrag und geben unsere Probleme ab.
>Danken verlegt den Wunsch in die Gegenwart und manifestiert ihn.

### Regel 4: *Den Verstand überzeugen*
*Erfolgreich wünschen* bedeutet: Wir wissen, dass wir bekommen, was wir wünschen. **Überzeuge deinen Verstand, dass es dir zusteht.** Denn alles ist Energie: Materie, Menschen, Gedanken, Gefühle und Ereignisse. Senden wir also positive Gedanken, wird sich unser Glück verstärken.
>Denn: Energie folgt immer der Aufmerksamkeit.

### Regel 5: *Vertrauen statt zweifeln*
Mit dem Zweifel rufen wir unsere Wünsche, kaum dass sie ausgesandt wurden, wieder zurück. **Wie aber werden wir unsere Zweifel los? Gelassenheit ist der einzige Ausweg.** Gedanken stören nicht das *Erfolgreich wünschen*. Lass störende Gedanken zu, aber lass sie nicht zu Überzeugungen werden.
>Vertraue deinem Wunsch. Vertrauen untermauert jeden Wunsch!

### Regel 6: *Sei offen für »Zufälle« …*
… denn der Kosmos liefert auf überraschenden Wegen. Also schaue offen in alle Richtungen. Denn meist werden wir von einer Energie geführt, die uns dorthin führt, wo das Gewünschte zu finden ist.
>*Erfolgreich wünschen* heißt, Energien auszusenden und aufzufangen.

### Regel 7: *Die wahren, großen Wünsche …*
… solltest du gründlich prüfen, denn sie werden in Erfüllung gehen. Hinter jedem großen Wunsch steckt eine Sehnsucht, ein Mangel oder ein Talent. Und jeder erfolgreiche Wunsch verändert unsere Lebensumstände.
>Überlege also: Welche Wünsche passen zu dir?